UN MOT

SUR

L'EUROPE

EN

Septembre 1877

PAR

M. C. NOVINA

PARIS

ALPHONSE DERENNE

Boulevard Saint-Michel, 52

1877

UN MOT

SUR

L'EUROPE

EN

Septembre 1877

PAR

M. C. NOVINA

PARIS

ALPHONSE DERENNE

Boulevard Saint-Michel, 52

1877

UN MOT SUR L'EUROPE

EN SEPTEMBRE 1877

Sursum corda!

En présence des événements d'Orient qui occupent l'attention du monde, il est à propos d'examiner la situation de l'Europe agitée par des nouvelles se succédant rapidement, et attendant, pleine d'anxiété, l'issue d'une lutte acharnée, sans songer, peut-être, que les résultats déjà acquis, ont changé, du tout au tout, une situation insupportable créée depuis 1870 au monde civilisé. — S'il est vrai que l'Orient est le berceau du genre humain, nul ne saurait contester que l'Occident a donné pendant des siècles à l'humanité le pain de l'âme. Point de salut sans l'Occident, dont l'existence a été si fatalement menacée, il y a sept ans, par les malheurs de la France.

Nous vivons dans des temps à surprises : Les défaites inouïes de la France ne trouvent un pendant que dans les succès inespérés de la Turquie, et cette France, où quelques diplomates font de la politique « à la Danicheff », ne retrouve tout d'un coup le rang qui lui est dû, que dans la défaite de la Russie qui a si paisiblement assisté, les bras croisés, aux saturnales allemandes de 1870.

Pour nous faire bien venir des logiciens, jetons un coup d'œil rapide sur la situation de l'Europe au lendemain du traité de Francfort : Nous voyons la France rançonnée et spoliée ; la Russie fêtant, au banquet de la Saint-Georges, un vainqueur septuagénaire ; — l'Autriche, qui avait témoigné en 1870 quelques velléités belliqueuses, plus que courtoise envers le nouvel Empereur d'Allemagne ; — l'Italie convoitant la Savoie et se préparant à prendre la route de Rome ; — la Belgique, pour laquelle tout conflit européen est un danger, reprenant haleine ; — la Hollande terrifiée, et sa reine, Allemande de naissance, maudissant les Hohenzollern ; — l'Angleterre, stupéfaite, et apprenant enfin ce qu'est le remords ; — la Prusse étonnée de se voir la maîtresse absolue des destinées européennes, peu généreuse dans sa gloire ; — les petits souverains allemands revêtant la livrée du nouvel empire : — enfin, les Allemands, plus pauvres des cinq milliards qui devaient les rendre riches et heureux.

Pendant que la France panse ses blessures, nous voyons le vainqueur armer au lendemain de la libération du territoire français. Les idées belliqueuses de la Prusse se réveillent, et, en avril 1875, un cri de guerre nouveau est sur le point de partir de Berlin. L'arrivée de l'empereur Alexandre calme l'ardeur belliqueuse comme par enchantement ; la paix semble assise « sur des bases solides et durables », et les Français, quelques folliculaires aidant, de prôner la « magnanimité » du potentat du Nord qui a détourné de leur tête le fléau d'une guerre nouvelle.

Avant d'expliquer cette parenthèse des événements d'il y a trois ans, voyons ce qu'est devenue la Sainte-Alliance contre laquelle se butte la France depuis les traités de 1815.

La Sainte-Alliance que la bataille de Sadowa d'une part, et les appétits de la Prusse de l'autre, aurait dû briser à jamais, vit encore ; mais ses jours sont comptés, le pain quotidien qui la nourrissait n'étant plus *ejusdem farinæ*.

. En politique, une œuvre artificielle n'a qu'un temps : ce que 1866 a commencé, cette année-ci, peut-être, l'achèvera. La chose est consommée, — les temporisations des cabinets seules, retardent l'accomplissement d'une œuvre dont personne ne se dissimule l'accomplissement.

L'élément allemand a toujours fait en Autriche, en dépit de son infériorité numérique, les affaires de la grande patrie allemande. Il y a opprimé les autres races, persécuté toutes les autres nationalités à outrance, et, jusqu'en 1866, la dynastie des Habsbourg n'existait qu'en maintenant, grâce aux Allemands, la rivalité entre les différents peuples réunis sous son sceptre.

Le dualisme créé par M. de Beust, a rejeté l'élément allemand au second plan. La tenacité de ce parti, unie à une supériorité intellectuelle incontestable, a échoué contre la ruse d'une race non européenne, qui semble tenir aujourd'hui entre les mains le sort de la famille des Habsbourg.

Anéantie à Sadowa, rayée de la Confédération

germanique, l'Autriche eut bientôt senti que ses destinées futures l'appelaient ailleurs. Il n'est pas jusqu'aux sympathies de la famille impériale, tout acquises à la nation hongroise, qui ne témoignent de sa renonciation tacite à l'ancienne prépondérance en Allemagne et à tout ce qu'il y a encore d'allemand en Autriche aujourd'hui.

Régénérée depuis 1866 par une liberté aux aspirations fédératives, l'Autriche s'est trouvée, au lendemain de ses revers, avoir plus de tact politique qu'elle n'en avait montré à ses jours de gloire.

Délivrée de ce boulet au pied qu'on appelle l'Italie, elle s'est vue, de fait, presque homogène, débarrassée qu'elle était d'un élément éminemment hostile ; racommodée avec la Hongrie et intimement unie aux autres nationalités qui vivent heureuses sous le sceptre de François-Joseph. Après dix ans de repos, elle a montré assez de suite dans les idées, assez de tenue et de prudence, pour que sa politique ait obtenu un succès d'estime et lui ait rendu au soleil une place honorable. Mais l'Autriche semble devoir retomber, à l'heure qu'il est, dans une faute qui amènera infailliblement sa perte. Nous voulons parler de l'alliance prussienne qui ne peut que lui être funeste, — M. de Beust a si bien compris, en 1870, la nécessité d'arrêter à tout prix l'élan de la Prusse, qu'il voulut, à toute force, amener l'empereur François-Joseph à une intervention armée. — Les défaites de la France se succédant avec une rapidité effrayante, le mauvais vouloir de la Hongrie, le manque de préparatifs militaires, ont empêché, à ce moment, l'Autriche de faire une diversion en faveur de la France, — diversion qui eût réduit à néant le traité conclu entre la Prusse et l'Italie et qui eût certainement épargné à la France bien des déboires.

Tout le monde en Autriche, si l'on en excepte le parti allemand, ressentit au cœur les malheurs de la France, — et pendant que le vainqueur rançonnait les vaincus, l'Europe terrifiée était dans une attente anxieuse de l'avenir. — Moins de deux ans plus tard, nous l'avons dit au début, un nouveau cri de guerre était sur le point de partir de Berlin, et si une nouvelle levée de boucliers n'eut pas lieu, la France croit en devoir de la gratitude à la Russie : Celui qui suit bien les agissements des deux potentats du Nord, alliés et parents, ne se fait nullement illusion sur la générosité de l'empereur Alexandre à l'endroit de la France, en cette occasion. Le mot de l'énigme c'est que la Russie n'était point prête pour *sa* guerre, et *sa* guerre devait commencer le même jour que la nouvelle guerre des Allemands contre la France. — Depuis, les choses ont quelque peu changé : La France, grâce à son énergie et à ses finances, a refait son armée et repeuplé ses parcs d'artillerie. Il y a quelques mois la Russie s'est trouvée *prête*, mais voici que la Prusse, qui l'est toujours, a trouvé la France calme et prête aussi. — C'était jouer de malheur, car les armements continuels épuisent la Prusse qui, forcée d'être prudente, perd tous les jours son argent en rongeant son frein en silence.

La retraite de M. de Bismarck est un corollaire de sa politique tout allemande après ce contre-temps fâcheux. Le *veto* de l'empereur Alexandre à Berlin, la convalescence de la France, ayant brouillé les cartes du chancelier, celui-ci voulait lever un droit de péage sur le czar, à la veille de l'entrée de la Russie en cam-

pagne. — Disons ici, qu'il y a deux politiques
en Prusse : la politique romantique, basée sur
les liens des deux familles régnantes et la politique saine, mathématique, tout allemande, de
M. de Bismarck qui se soucie peu de *cousiner*
lorsqu'il s'agit de « *gaigner.* »

Pour M. de Bismarck, partout où on parle
allemand, on est en Allemagne. Or, dans les
provinces baltiques, dans les quatre provinces
de la couronne d'Autriche, on parle allemand :
pour un homme d'État, de la logique serrée du
chancelier, ces contrées doivent être et seront un
jour à l'Allemagne, — M. de Bismarck voulait
donc, comme récompense de sa complaisance
envers le czar à Berlin, avoir..... quelques con-
cessions du côté de la Baltique, — quitte à ra-
tifier, et de grand cœur, les conquêtes russes
... à venir, sur les infidèles.

Mais la politique de famille joua son jeu,
l'empereur Guillaume resta, comme par le passé,
tendre et affectueux pour son neveu ; — M. de
Bismarck ne fut pas écouté ; la cour qui goûte
peu le chancelier, en profita pour l'abreuver d'a-
mertumes, et — M. de Bismarck se retira.

Mais le diable n'y perd rien. La partie est à

recommencer et les insuccès des armées russes qui procurent une grande liesse au chancelier, lui promettent, dai s un très-prochain avenir, une éclatante revanche. M. de Bismarck accorde son clavier et c'est en Russie même qu'il retrouve certaines cordes de son instrument.

Il y a, de par le monde, un parti puissant, appelé le parti de la *Jeune Russie*. Ce parti très-vivace, intelligent, offrant l'attrait de la nouveauté ; haïssant tout ce qui est allemand, est appelé à dominer la Russie, à renverser l'influence allemande, à bouleverser tout, à faire perdre le vieux prestige au colosse aux pieds d'argile, pour arriver à une régénération, rêvée par Pestel en 1825. Ce parti a des aspirations qui l'étouffent mais que M. de Bismarck flatte en souriant, car elles servent admirablement ses vues. Le parti de la *jeune Russie*, le jour où il sera sur le premier plan, dégagera la Prusse de tous les liens de la politique romantique qui a eu tant de douceurs pour la Russie, et — ce jour là les provinces allemandes de la Baltique seront perdues pour le sceptre des czars Ce procès n'a rien que de très-naturel et les défaites des Russes donnent raison à nos assertions. Bientôt nous verrons le solitaire de Varzin sortir de sa retraite comme un *deus ex machinâ*. Cette fois-ci il n'aura eu besoin que de s'endormir et de laisser faire les dieux.

En effet, la Russie complétement affaiblie, traitera la question baltique de gré à gré avec le chancelier! Si d'aventure elle reprenait le dessus dans la lutte actuelle, elle n'en resterait pas moins affaiblie ; alors elle résisterait, mais perdrait à coup sûr la partie contre la Prusse intraitable. Aujourd'hui l'horizon est sombre pour la Russie, car elle a perdu vis-à-vis de l'arrogance allemande, ce dont elle avait surtout besoin, — son prestige militaire. — Resteraient les provinces allemandes de l'Autriche comme seul objectif de la Prusse, mais nous croyons que l'Autriche, comprenant son rôle nouveau dans le concert européen, ne demandrait qu'à céder ces provinces, moyennant quelques compensations du côté du Danube.

Et maintenant, quels sont les résultats de ces luttes qui continuent — sous nos yeux ? La Turquie, par sa vaillante résistance a terriblement affaibli la Russie, — partant isolé la

Prusse ; — elle a rendu quelque importance à l'Autriche, et remis la France, forte de son repos, au premier rang du concert européen. Ce chassé-croisé politique persuadera-t-il enfin certains personnages en France de ne pas entourer de leurs vœux — stériles — les armées impériales russes ? Comprendra-t-on enfin que la Russie victorieuse, la France n'était rien ; que la Russie battue, la France redevient tout ? — Certains diplomates ont-ils oublié qu'en 1870 la Russie *laissa faire ;* — en regardant tranquillement la France aux abois, pour satisfaire une vieille rancune ?

La vraie politique de la France est de se tenir à l'écart, de se réjouir en silence des succès des Turcs, et, quant à ceux qui se leurrent encore aujourd'hui des sympathies russes pour la France, à ceux qui voudraient voir la Russie battant les Turcs plutôt que battue par eux, nous leur soumettons un peu de géographie politique.

Supposons, un moment, la Russie absolument victorieuse, comme elle croyait devoir l'être au début de la lutte, la Russie gagnait Constantinople , s'annexait les principautés danubiennes, pour en faire la rétrocession à l'Autriche. Ele prenait la Gallicie, et ses nouvelles limites étaient, au Sud, les monts Carpathes. L'Autriche amoindrie se constituait, peu nous importe comment, sous l'hégémonie hongroise, après avoir cédé ses quatre provinces allemandes à l'Allemagne ; — l'Allemagne s'étendait, tout d'un coup, jusqu'à Trieste ; la Hollande était inévitablement englobée par l'Allemagne, et la France coupée du reste de l'Europe, obtenant, peut-être, une compensation dérisoire dans ce remaniement monstrueux de l'Europe, disparaissait entièrement quant à son influence politique.

L'Europe n'était plus qu'allemande et russe. Les diverses combinaisons que ces deux puissances auraient faites ensuite, et à perte de vue, ne se laissent point prévoir. Mais il suffit de dire qu'elles effrayent tout être civilisé du vieux continent.

Grâce à Dieu, les victoires des Turcs ont déjoué tous ces plans ; elles ont anéanti bien des conspirations contre l'Occident civilisé et c'est la réserve de M. de Bismarck qui va donner dans une nouvelle et très-prochaine mêlée.

Dans cette nouvelle comédie, la France a tout à gagner, sans rien y risquer. — Malheur aux vaincus ! malheur aux Russes dont les Allemands commencent à railler les défaites honteuses. La Prusse n'accorde son estime qu'à qui la mérite. Avant qu'il soit peu, elle offrira une alliance cordiale à la France pour laquelle, dans sa sagacité extraordinaire, M. de Bismarck a réservé, les événements aidant, des douceurs dont le prix, nous le croyons fermement, sera la restitution des provinces perdues par elle en 1870.

Ce serait bien joué, M. le Chancelier, ce serait habile, et pourtant étonnant de simplicité :

Ainsi résolue la question de l'Europe occidentale trouverait un gage dans une paix vraiment durable entre deux nations qui grâce aux victimes des Turcs, se trouvent seules, à l'heure qu'il est, à statuer sur le sort de l'Europe.

Ce qui arrivera du côté de l'Orient dans un temps plus ou moins rapproché de nous, quel rôle sera créé à la Russie, après son abaissement ; de quelle façon se reconstituera la nouvelle Autriche, comment l'Angleterre qui a si bien appuyé de toutes les manières la Turquie, y retrouvera son compte, tout ceci est secondaire, les questions capitales étant résolues.

Depuis 1870, en dépit des cachotteries des diplomates, la vie politique se joue avec franchise. L'enjeu de l'activité européenne est poussé au centuple. L'Allemagne sait que toute absence de mesures préventives de sa part, ne saurait aller sans de terribles contrepoids. Que la France prenne exemple de son flegme et que les bons Français fassent tout, au nom sacré de cette belle France, pour lui conserver la paix à l'intérieur. Que chaque Français lettré relise à ceux qui ne le sont pas, les paroles d'Alain-Chartier et de Charles d'Orléans qui supplient les larmes aux yeux, leurs compatriotes de rester unis pour être forts.

Encore quelque temps et l'équilibre européen qu'on sera forcé de rétablir, après les événements si décisifs en Orient, doit trouver la France calme et digne. — Il y a tout à gagner, car les cartes viennent d'être battues à nouveau, mais cette fois-ci les atouts sont dans notre main. La partie est à nous.

Imp. A. DERENNE, Mayenne. — Paris Boulevard Saint-Michel, 52.

Imp. A. DERENNE, Mayenne. — Paris boul Saint-Michel, 52.